# Los líquidos

William B. Rice

## Asesor

**Scot Oschman, Ph.D.**
Distrito escolar unificado península de Palos Verdes
Rancho Palos Verdes, California



## Créditos

Dona Herweck Rice, *Gerente de redacción*; Lee Aucoin, *Directora creativa*; Don Tran, *Gerente de diseño y producción;* Timothy J. Bradley, *Gerente de ilustraciones*; Conni Medina, M.A.Ed., *Directora editorial*; Katie Das, *Editora asociada*; Neri Garcia, *Diseñador principal*; Stephanie Reid, *Editora fotográfica*; Rachelle Cracchiolo, M.S.Ed., *Editora comercial*

## Créditos fotográficos

portada pulsar75/Shutterstock; p.1 pulsar75/Shutterstock; p.4 Charlie Hutton/Shutterstock; p.5 Elena Yakusheva/Shutterstock; p.6 (izquierda) Lane V. Erickson/Shutterstock, (centro) Elena Yakusheva/Shutterstock, (derecha) Lisa H/Shutterstock; p.7 Sebastian Duda/Shutterstock; p.8 Zaneta Baranowksa/Shutterstock; p.9 (izquierda) Valentyn Volkov/Shutterstock, (derecha) Eric Isselee/Shutterstock; p.10 Tim Bradley, p.11 (izquierda) Darren Hedges/Shutterstock, (derecha) Tischenko/Shutterstock; p.12 TranceDrumer/Shutterstock; p.13 Can Balcioglu/Shutterstock; p.14 juliengrondin/Shutterstock; p.15 Johnny Lye/Shutterstock; p.16 Jupiterimages; p.17 Jupiterimages; p.18 Epic Stock/Shutterstock; p.19 cbpixa/Shutterstock; p.20 Lev Kropotov/ Shutterstock; p.21 Can Balcioglu/Shutterstock; p.22 Romeo Koitmae/Shutterstock; p.23 Hemera Technologies; p.24-25 (de izquierda a derecha) Lev Kropotov/Shutterstock, Julien Grondin/ Shutterstock, Olga Lyubkina/Shutterstock, Olga Lyubkina/Shutterstock, Julian Rovagnati/ Shutterstock; p.26 Andrey Armyagov; p.27 (fondo) silver-john/Shutterstock, (primer plano) Cheryl Casey/Shutterstock; p.28 Rocket400 Studio/Shutterstock; p.29 Ana Clark; p.32 Martha Davis

**Teacher Created Materials**
5301 Oceanus Drive
Huntington Beach, CA 92649-1030
http://www.tcmpub.com

**ISBN 978-1-4333-2587-8**


Made in China YiCai.032019.CA201901471

# Tabla de contenido

# Un mundo de materia

Mira a tu alrededor. Huele el aire. Toca una silla. ¿Sabías que todo lo que ves, hueles y tocas es **materia**? La materia es de lo que está hecho todo. Todo. Este libro es materia. Tú también eres materia. ¡Cada pulgada de ti!

Todo lo que ves aquí está hecho de materia.

Todo lo que ves aquí también está hecho de materia.

# Los estados de la materia

Pero no toda la materia es igual. La materia tiene diferentes formas que se llaman **estados de la materia**. Un estado es el sólido. Este libro es un sólido. Las piedras, los cubitos de hielo y tus pies también son sólidos.

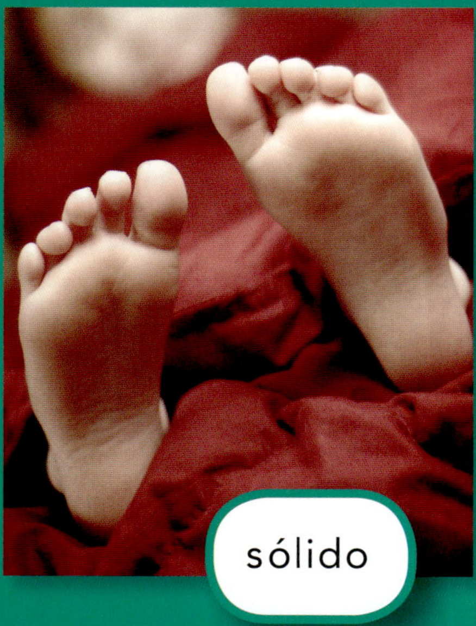

Otro de los estados es el gaseoso. El aire alrededor de ti es un gas. El vapor de un tazón de sopa caliente también es un gas.

Un tercer estado de la materia es el líquido. ¿Qué es un líquido?

## Hielo derretido

Mira derretirse un cubito de hielo. Lo que ves te dice algo sobre los líquidos.

El líquido es un estado de la materia que es **fluido**. Ser fluido significa que fluye, como el agua o el helado derretido. Un líquido no tiene una forma fija. Su forma cambia todo el tiempo.

La forma de un líquido cambia fácilmente.

Pero un líquido sí tiene un **volumen** fijo. El volumen es la cantidad de espacio que un líquido ocupa.

## Dato curioso

Si pones agua de una taza en un tazón, la forma del agua cambia. Pero aún es la misma cantidad de agua.

El estado de la materia depende de diferentes cosas. Una cosa es el espacio entre sus **partículas**. Las partículas son las partes pequeñas que componen la materia.

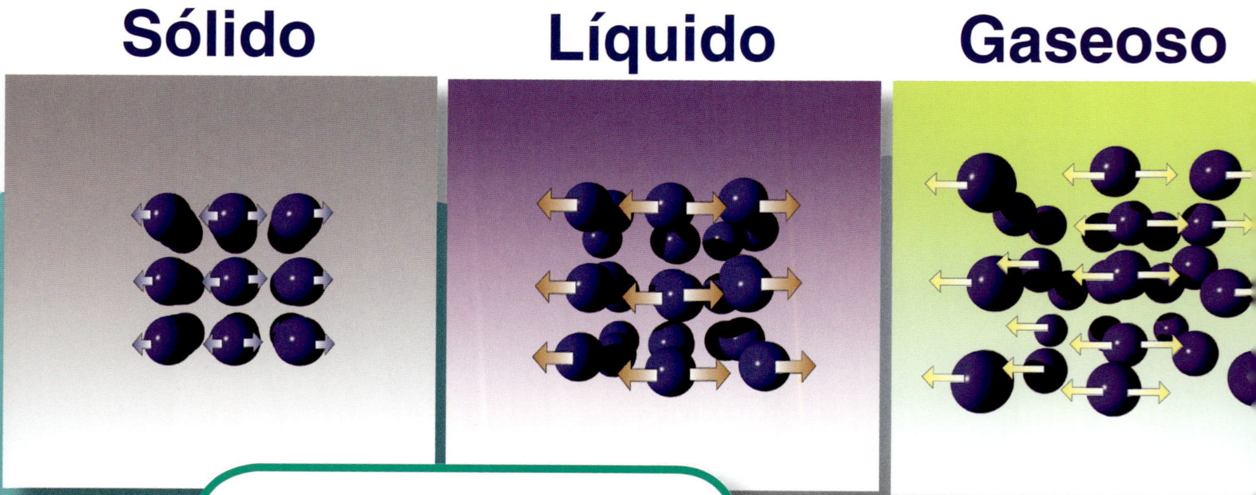


En un sólido hay menos espacio entre las partículas que en un líquido. En un gas hay más espacio entre las partículas que en un líquido.

Cuando la materia es un sólido, las partículas están muy juntas. Cuando la materia es un líquido, hay más espacio entre las partículas. Cuando la materia es un gas, las partículas están muy separadas.

gas

**Dato curioso**

Cuando una vela se quema, cambia de sólido a líquido a gas. ¡Piénsalo!

La materia puede cambiar. El calor es algo que cambia la materia. Las partículas comienzan a separarse cuando la materia se calienta. Un sólido puede comenzar a derretirse. Se convierte en un líquido. Cuando el líquido se calienta, se transforma en gas.

**Dato curioso**

**Cuando el líquido se transforma en gas, se llama evaporación.**

Este vapor es la evaporación del líquido caliente en el hervidor.

Cuando el gas se enfría, vuelve a transformarse en líquido. Esto se llama **condensación**. Ves la condensación cada vez que tomas una bebida fría.

## Dato curioso

¿La roca puede convertirse en líquido? ¡Sí! La lava es roca muy caliente.

El aire cálido alrededor del vaso frío se enfría. El aire se enfría y se convierte en líquido. Ves el líquido en el exterior del vaso. El vaso no se está filtrando. ¡Es sólo condensación!

# Todo sobre los líquidos

Tal vez ya sepas cuándo algo es un líquido. ¿Pero cómo lo sabes? Lo sabes por sus **propiedades**. Las propiedades son cómo algo se ve, se siente o se comporta. Las propiedades de un líquido son lo que lo hacen un líquido.

Por ejemplo, ¿puede un líquido cambiar de forma? Sí, tiene la propiedad de cambiar de forma. Un líquido toma la forma de lo que lo contiene. Si se coloca en algo diferente, cambia de forma. También cambia de forma si se mueve.

El agua del océano cambia de forma cuando la Tierra se mueve y el viento sopla.

Otra propiedad de los líquidos es el volumen. ¿Puede cambiarse el volumen de un líquido?

Imagina un tazón lleno de agua. Ahora imagina que viertes el agua en un tazón más pequeño y tratas de hacer caber toda el agua adentro. ¿Puedes hacerlo? No, el agua no se puede meter. En cambio, se sale. Eso es porque no se puede cambiar el volumen de un líquido.

## Dato curioso

Cuando el agua se calienta lo suficiente, se convierte en un gas.

Otra propiedad de un líquido es que puede fluir. Eso significa que puede moverse. Piensa en un helado que se derrite o en el agua de un arroyo. Ambos líquidos fluyen. Todos los líquidos fluyen.

Cuando el helado se hace líquido, ¡fluye por el brazo de la niña!

Otra propiedad más de los líquidos es la manera en que se comportan sus partículas. Las partículas de un líquido están cerca unas de otras pero no pegadas. Se mueven unas alrededor de otras.

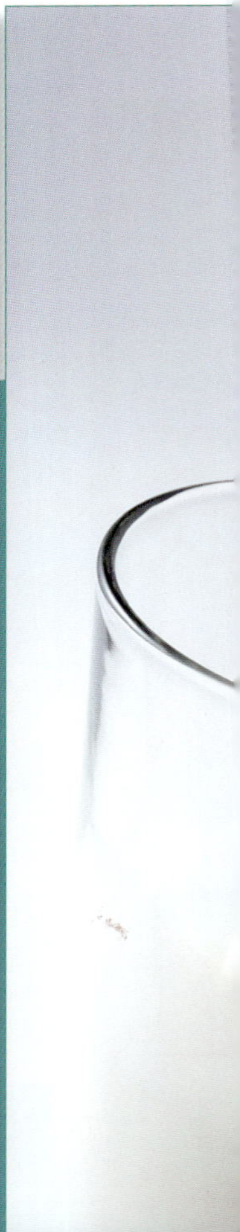

Cada una de estas cosas tiene todas las propiedades de un líquido.

Las partículas cambian de lugar todo el tiempo. Por eso, los líquidos pueden cambiar de forma y fluir. Sus partículas los permiten cambiar.

# Un mundo mojado

El mundo parece un lugar bastante sólido. ¡Pero mira otra vez! Desde los grandes océanos hasta las pequeñísimas gotas de sudor, ¡es un mundo mojado, mojado, mojado de líquidos!

# Laboratorio de ciencias: ¿Qué es la condensación?

Ve la condensación en acción al hacer este laboratorio.

## Materiales:

- 3 vasos del mismo tamaño
- congelador
- líquido frío, y de color, por ejemplo, un refresco de frutas

## Procedimiento:

1. Mira los vasos. Observa que todos son iguales.
2. Pon dos vasos sobre una mesa, uno lejos del otro.
3. Deja el primer vaso vacío. Vierte un líquido frío y de color en el segundo vaso.
4. Pon el tercer vaso en el congelador.

5 Deja los vasos durante 15 minutos.

6 Saca el vaso del congelador y colócalo en la mesa lejos de los otros.

7 Mira los vasos. ¿En cuáles hay condensación y por qué? En el vaso vacío que estaba sobre la mesa no hay condensación. En los otros dos vasos hay condensación. Se enfriaron más que el aire a su alrededor. El aire más cálido tocó los vasos fríos. Eso transformó el aire en líquido.

# Glosario

**condensación**—la acción de transformar un gas en líquido

**estados de la materia**—las diferentes formas que la materia puede adoptar, que incluyen sólido, líquido y gaseosa

**evaporación**—la acción de transformar un líquido en gas

**fluido**—flujo, o algo que fluye

**materia**—cualquier cosa que ocupa espacio

**partículas**—partes pequeñas de algo

**propiedades**—las maneras en que algo se ve, se siente y se comporta

**volumen**—cantidad de espacio que ocupa algo

# Índice

# Una científica actual

Martha Davis es una líder. Trabaja junto a otros científicos para proteger el líquido más importante de la Tierra: el agua. ¡Su trabajo ayudó a recuperar el lago Mono en California! El lago estaba muriendo, pero ahora está prosperando gracias a Martha y a otros como ella.